AF343319

DISCOURS

PRONONCÉ LORS DES FUNÉRAILLES

de la

TRÈS CHÈRE SŒUR JULIE PONS

Supérieure des filles de St-Vincent de Paul

d'Ardres.

Par M. G. ROBERT, Curé-Doyen d'Ardres.

———

SAINT-OMER

IMP. ET LITH. H. D'HOMONT, RUE DES CLOUTERIES, 14.

1880

DISCOURS

PRONONCÉ LORS DES FUNÉRAILLES

de la

TRÈS CHÈRE SŒUR JULIE PONS

Supérieure des Filles de St-Vincent de Paul

d'Ardres.

Par M. G. ROBERT, Curé-doyen d'Ardres.

Veni sponsa Christi accipe coronam.

Venez épouse de Jésus-Christ, recevez votre couronne.

Office des Vierges.

MES FRÈRES,

Quand une vie s'éteint, quand une personne s'endort du sommeil des justes après avoir fait le bien partout autour d'elle, c'est une perte que l'on ressent d'autant plus qu'on voit mieux le vide que fera sa disparition du milieu des vivants. Mais quand, tout à coup, sans prévision aucune, Dieu, dans ses impénétrables desseins, tranche le fil d'une existence précieuse, utile, j'allais dire presque nécessaire, alors il faut s'armer de toute la foi du Chrétien pour comprendre et répéter cette parole du divin agonisant : Seigneur, que votre volonté soit faite !

Aujourd'hui, toute une cité est dans le deuil ; sans distinction de classe, de rang ou d'opinion, tous sont venus aujourd'hui se grouper tristes et affligés autour d'un cercueil ; aujourd'hui se font les funérailles d'une vraie femme forte, d'une religieuse dont la vie tout entière n'a été qu'un long dévoûment et une protestation sublime contre les idées modernes hélas ! si souvent préconisées. Nous pleurons la mort de la très regrettée sœur Julie Pons, supérieure des Filles de Saint-Vincent de Paul... Que la volonté de Dieu soit faite !

Mais avant de laisser emporter de cette église où, tant de fois, notre chère défunte est venue répandre ses prières, ses espérances et ses vœux, la dépouille mortelle de celle qui repose dans cette tombe, laissez-moi, mes Frères, vous parler de cette vraie *Fille de la Charité.*

I

Ce fut en la paroisse de Prat, au diocèse de
Pamiers, que naquit, en 1823, Julie Pons. Ses
parents profondément chrétiens et fidèles aux vrais
principes, la regardèrent comme un précieux
dépôt, et s'efforcèrent par leurs paroles, leurs soins,
et surtout leurs exemples, de l'élever sous les
regards de Dieu jaloux de l'innocence et du cœur.
Son éducation fut confiée en des mains sûres qui
développèrent et affermirent de plus en plus ce
qui avait été commencé au foyer paternel. A
l'heure de la jeunesse, au moment où le monde
fait entendre sa voix mielleuse, où les illusions se
multiplient pour séduire, la jeune fille ne se laissa
pas atteindre. Profitant de la position très hono-
rable de sa famille et de la fortune dont elle pou-
vait disposer, elle faisait aux pauvres et aux petits
tout le bien dont elle était capable. Mais, à 23 ans,
Dieu parla d'une manière distincte à celle dont il
voulait faire son épouse ; il lui demanda de quitter
la maison de sa mère et de venir là où il la vou-

lait. La jeune chrétienne se hâta de dire : Me voici, Seigneur, parce que vous m'avez appelée, et elle partit. Elle alla frapper à la porte du Noviciat des Filles de Saint-Vincent de Paul, à Paris. Les Supérieurs déjà parfaitement édifiés sur la sûreté de sa vocation, la reçurent avec bonté ; et, après le temps d'épreuve réclamé par les constitutions de la Congrégation, Julie Pons fut, à sa grande joie, une Fille de la Charité.

Désormais elle n'aura pour voile que la blanche cornette qu'elle emportera avec elle dans la tombe, pour vêtement que la bure de la pénitence, pour ornement que le Rosaire, pour monastère que les salles des hôpitaux ; mais désormais sa charité sera continuellement en action : elle s'appellera le dévoûment.

Le dévoûment, quel beau mot, mes Frères ! dans ce siècle d'égoïsme et de calcul, que ce mot est grand ! Et quelles sont des âmes d'élite celles qui le pratiquent toujours, partout, en tout ! Tel fut le dévoûment de la sœur Pons.

II

Au sortir de son séminaire, une épidémie terrible dont le nom seul fait frissonner, le choléra-morbus, exerce ses ravages en Picardie. Les familles sont décimées, les maisons sont vides ; on a peur ; et, pour ne pas communiquer la contagion, les malades restent sans secours, les victimes sans être ensevelies. Sur ce premier théâtre, la Fille de charité se multiplie ; elle soigne les pestiférés, elle ensevelit les morts, elle se fait la mère des orphelins, elle est debout le jour, la nuit, elle ne se repose que le jour où le choléra a cessé de frapper. Alors, obéissant à la voix de ses supérieurs, elle se rend à l'Hôtel-Dieu de Clermont-Ferrand ; de là elle va à Murat où, pendant son séjour, le feu dévore l'établissement et ne laisse que des ruines ; puis elle accepte les différents emplois qui lui sont confiés, et elle arrive à Montluçon, où comme supérieure, elle gagne l'estime de Mgr l'évêque de Moulins, les sympathies de l'administration et les cœurs de tous. Elle était heureuse et contente dans cette communauté; mais la Fille de charité n'a pas le droit de se faire nulle part une résidence permanente, et, de nouveau, pour obéir, elle part et elle vient dans nos contrées. A Marles, il faut une personne active, prudente, douce et ferme, c'est là qu'est envoyée la sœur Pons. On la voit à l'œuvre, on l'apprécie, on l'aime, elle fait du bien, et une nouvelle obédience l'amène dans cette ville d'Ardres où, après un séjour de treize années, elle vient d'expirer.

III

Ah ! mes Frères, s'il m'était permis de soulever un voile plein de tristesse, je vous rappellerai les circonstances difficiles au milieu desquelles la nouvelle supérieure a dû commencer sa mission parmi nous. Laissons le passé au passé ; mais n'est-il pas vrai que souvent, à la simplicité de la colombe, la sœur Pons a dû joindre la prudence du serpent ? En tout cas, il est une chose que tous doivent reconnaître, pendant treize ans, dans son Hospice, près des vieux, près des enfants, en Ville près des

pauvres et près des malades, dans toutes les familles, notre bien-aimée défunte a toujours été la
charité en action, le dévoûment même.

A l'hospice ; Comparez l'état actuel de cette
maison avec ce qu'elle était autrefois. Pour la rendre prospère, pour aider à son développement,
pour la métamorphoser, la sœur Pons s'est servie
de sa fortune personnelle. Et l'on peut compter
par milliers les francs qu'elle a généreusement
dépensés pour les constructions, l'ameublement
et sa coopération dans le dernier achat des maisons où elle a fondé ses ouvroirs. Et puis, mes
Frères, ne vous en souvient-il pas ? Avez-vous
oublié la richesse des ornements, la beauté des
objets du culte en ces jours solennels où, dans la
chapelle de l'hospice, la religion célèbre ses fêtes ?
A la sœur Pons et à ses compagnes doivent être
renvoyées ces splendeurs. Et ne vous en étonnez
pas ; dans sa foi, la sœur supérieure savait le don
de Dieu, elle connaissait la grandeur de la maison
de Jésus-Hostie, et elle n'a si bien connu le dévoûment que parce qu'elle l'a étudié au pied des taber-
nacles ; elle n'a si bien aimé les autres que parce
qu'elle a beaucoup aimé son Dieu.

Comme elle aimait ceux que lui amenaient un
âge avancé, les infirmités ou l'abandon ! Elle les
appelait avec tant d'âme ses vieux et ses vieilles !
Il semblait qu'elle devait leur faire d'autant plus
et d'autant mieux qu'ils avaient plus souffert de
privations ou qu'ils devaient disparaître plus tôt.
C'était une fille soignant ses vieux parents, c'était

une mère caressant ses enfants. Ne l'avons-nous
pas vue, il y a six semaines environ, pleurer amè-
rement à la mort d'un de ses vieux ? Et peut-on
mieux dire son dévoûment qu'en répétant ses paroles : « Si je meurs, mettez-moi près de nos
» pauvres, à côté de mon cher Jean-Louis. »
C'est le dernier vieillard qu'elle a pleuré.

Je vois vos larmes, mes chers Enfants, je ne
veux point déchirer davantage vos cœurs. Mais,
quelle mère vous avez perdue ! Son amour ne
laissait inaperçue aucune de vos qualités ; il
avait toujours de la peine à avouer vos défauts.
Votre bien, toujours votre bien, telle était son
étude ; le moyen de vous être agréable et de vous
prouver son affection, telle était sa préoccupation.

Et pourtant, mes Frères, la chère sœur supérieure ne se contentait pas de se dévouer dans son
hospice, en Ville aussi, près des pauvres et des
malades, elle était la Fille de charité.

Qui dira les misères secrètes qu'elle a soula-
gées, les douleurs intimes qu'elle a calmées, les
plaintes qu'elle a arrêtées ? Elle savait bien que
le Sauveur regarde comme faite à lui-même la
moindre chose faite à un des siens, et elle donnait
avec intelligence, sachant dilater son cœur avec
une aumône plus abondante quand il le fallait, ou
diminuer ses dons si les besoins étaient moins
urgents. Comme elle est malheureuse cette parole : ce qu'elle donnait n'était pas à elle ! Pro-
fonde erreur ; elle donnait de son bien propre ; et
pour les pauvres elle tendait la main, pour les

pauvres elle employait son zèle ; elle avait ses pieuses industries ; et, sans compter sur leur reconnaissance, elle donnait beaucoup dans l'espérance de recevoir beaucoup dans l'Eternité. Pauvre sœur, elle aussi connut l'ingratitude ; mais elle oubliait si bien !

C'était encore dans cette espérance d'entendre Jésus lui dire : j'ai été malade, et vous m'avez visité, que la sœur supérieure se prodiguait près des lits de douleur. Ses chers malades ! elle les visitait, elle les réconfortait, elle les soutenait, elle leur parlait de Dieu, elle leur montrait le Ciel. Quelquefois, surtout depuis un an, sa santé plus chancelante demandait des ménagements, elle visitait quand même ses malades ; et, le soir, épuisée, anéantie par la fatigue, elle tombait sur un siège pour se reposer enfin. Que de fois, mes Frères, ne nous a-t-elle pas facilité notre ministère ? Que de fois, par elle, Dieu a été reçu comme la dernière nourriture ? Elle était là aux dernières heures de la lutte égrenant pieusement son chapelet, essuyant la froide sueur de l'agonie et disant le dernier adieu de la terre.

IV

Et voilà que les jours de la sœur Pons étaient comptés. Cette nature autrefois si vaillante paraissait tomber : l'énergie seule et la volonté faisaient mouvoir les ressorts que la fatigue voulait rendre inertes. Mais rien ne faisait présager une fin prochaine et rapide.

Cependant une maladie se déclare : l'inquiétude s'empare de ceux qui entourent la sœur Supérieure. Quelle sera l'issue de cette indisposition ? De tristes pressentiments exprimés par la bonne sœur qui va jusqu'à donner des détails sur ses obsèques jettent l'âme dans un véritable malaise. Mais, après quinze jours, un mieux sensible se déclare : la science fait plus qu'espérer : elle voit venir la convalescence...... Et tout à coup, au milieu de la nuit, sans aucun signe précurseur, une douleur particulière se fait sentir, la malade pâlit, elle semble s'étouffer. Vite toutes les compagnes accourent ; avec elles accourt le prêtre qui n'a que le temps de donner une absolution suprême ; et, sans agonie, cette vie précieuse s'éteint. La sœur Julie Pons rend son âme à Dieu à l'âge de 56 ans, après 32 ans de vocation.

La mort a été prompte, mes Frères, mais la sœur Supérieure était prête. Ses vertus, la délicatesse de sa conscience, sa charité, l'avaient faite un fruit mûr pour le Ciel.

Oui, ma très digne Sœur, nous en avons le doux espoir : vous avez entendu ces paroles de Jésus-Christ : *Veni, Sponsa Christi, accipe coronam.* Venez, épouse du Christ, recevez votre couronne.

Mais, sur la terre, restent vos compagnes, vos pauvres, vos amis, en leur nom je vous fais les adieux.

Adieu donc, ma Sœur Supérieure, au nom de vos compagnes, vraies filles désolées, privées d'une mère qu'elles aimaient, d'un guide qui les dirigeait, d'une protection qui les rassurait, adieu au nom de vos consœurs qui garderont votre nom toujours.

Adieu au nom de vos vieux et de vos vieilles qui aimaient tant votre douce autorité et votre industrieuse affection.

Adieu au nom de ces chers enfants qui comprennent si bien la perte immense qu'ils font.

Adieu au nom des pauvres qui vous apprécieront plus encore quand ils verront bien le vide que vous laissez.

Adieu au nom de l'administration où il m'a été donné pendant près de quatre ans de voir votre sagesse, votre tact, votre dévoûment et vos générosités.

Adieu au nom de la Ville entière qui, par son nombreux cortège, témoigne si hautement de son deuil et de ses regrets.

Adieu !!! Là haut, près du Seigneur, priez pour nous.

G. ROBERT, prêtre,
Curé-Doyen.

SAINT-OMER. — TYP. H. D'HOMONT.

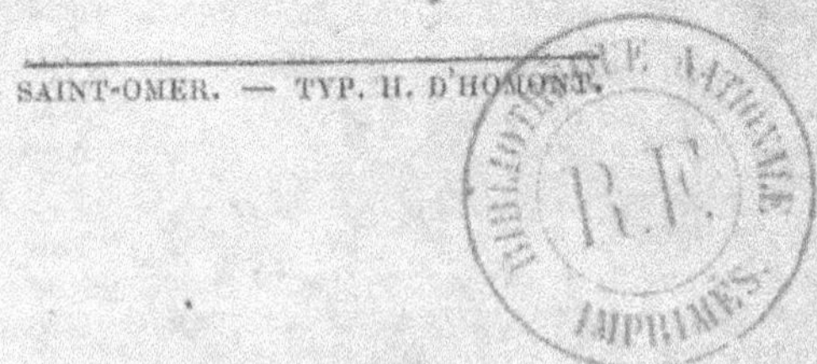